AF248090

L27
n
25151

ÉLOGE

DE

JOBERT DE LAMBALLE

Prononcé le 11 avril 1868

A LA SÉANCE D'INAUGURATION

DE LA SOCIÉTÉ DES SCIENCES MÉDICALES DE TOULOUSE

Par le docteur Alph. RIBELL

Chirurgien des hôpitaux et hospices civils de Toulouse ; docteur en médecine
de la Faculté de Paris ; docteur en médecine et chirurgie de la
Faculté de Barcelone (Espagne) ; membre de la Société
d'anthropologie de Paris; membre correspondant
de l'Académie de Médecine de Barcelone.

TOULOUSE

IMPRIMERIE DOULADOURE

ROUGET FRÈRES ET DELAHAUT, SUCCESSEURS

Rue Saint-Rome, 39.

—

1869

ÉLOGE

DE

JOBERT DE LAMBALLE

⁓⁓

MESSIEURS,

Vic-d'Azir a dit quelque part que l'étude des grandes réputations serait une recherche aussi curieuse qu'utile : « tel flot dit-il roule avec fracas, ses eaux impures, tel autre s'enorgueillit de celles qui lui sont étrangères. » Voilà l'emblème des réputations usurpées. Pour ma part, dans la tâche qui m'est imposée aujourd'hui, en vous parlant du professeur Jobert (de Lamballe), je n'ai pas à craindre qu'on me reproche d'avoir à m'occuper d'une fausse et mensongère réputation. Historien fidèle, je n'aurai rien à excuser, rien à dissimuler. Je dirai la vérité tout entière, et, en remplissant ainsi ce devoir, je croirai rendre encore hommage à la mémoire de celui qui fut mon maître et mon ami.

Quand un homme a débuté dans la vie par la pauvreté, quand, dans sa jeunesse, il a connu la misère, et que, par la seule force de sa volonté et de son travail, il s'est élevé jusqu'à une des plus brillantes positions scientifiques, quand cet homme surtout appartient au corps médical, quelle que soit son origine, quelle que soit l'opinion que l'on porte sur ses œuvres, quelle que soit la place que la postérité lui réserve dans ses annales, son souvenir doit nous être précieux, car il peut servir d'exemple à nos enfants en leur prouvant que l'homme peut s'élever au-dessus de ses contemporains par la seule puissance de ses facultés, et faire disparaître pour lui les inégalités sociales de naissance ou d'argent. Celui dont je viens vous retracer la vie et les travaux est de ce petit nombre de nature d'élite, qui ont eu à supporter une lutte terrible, qui ont eu beaucoup d'ennemis et qui n'ont remporté la victoire que par leur énergie et leur talent.

Je me suis souvent demandé, Messieurs, si les sciences doivent plus de progrès aux hommes qui n'en cultivent qu'une seule, ou à ceux dont l'esprit, infatigable chercheur, s'exerce à la fois sur plusieurs branches du savoir humain. Je n'ai jamais trouvé, je l'avoue, une réponse satisfaisante. Au point où sont arrivées aujourd'hui les connaissances scientifiques, chaque science offre un champ assez vaste pour satisfaire à l'activité de l'esprit le plus ardent. Celui qui se livre exclusivement à un seul ordre de travaux ou de recherches, acquiert, par cette concentration de toutes ses forces vers un seul but, une puissance de vue excessivement remarquable. N'ignorant rien de ce qu'ont fait ses devanciers, rien de ce qu'ont fait ses contemporains, il peut d'un seul coup d'œil s'emparer des objets qu'il étudie dans toutes leurs phases, dans l'ensemble comme dans les détails, et il arrive à un degré de sagacité, de diagnostic, si je puis m'exprimer ainsi, tel qu'immédiatement il apprécie les faits à leur valeur dans leurs effets et leurs causes. A ces hommes la science est redevable de précieuses découvertes, de méthodes infiniment originales et d'ouvrages admirables dans lesquels on ne saurait choisir entre la sûreté de jugement et la précision des connaissances.

Il y a d'autres hommes doués d'un esprit plus ardent,

d'une imagination inquiète , d'une exubérance insatiable, qui ne peuvent se borner à labourer toujours la même terre. Il faut à ces natures des émotions , des luttes , des fatigues, et alors, pour se reposer d'un travail , ils se voient obligés d'en entreprendre d'une autre espèce, et c'est ainsi qu'ils trouvent une pâture à la voracité de leur intelligence. Semblables en cela à ces voyageurs intrépides auxquels les horizons du pays natal paraissent monotones ou trop restreints , et qui portent leur course vagabonde dans les pays lointains, à travers des contrées insalubres et mortifères, pour donner un aliment à leur vitalité individuelle. Quand on examine leurs travaux et qu'on réfléchit à l'énorme somme de l'activité qu'ils ont déployée sur divers sujets, on se prend quelquefois à regretter que leur puissance se soit ainsi dispersée çà et là, au lieu de se fixer vers un seul but ; mais le but ne nous échappe que parce qu'il est trop éloigné. En effet, si une science ne devait tirer que d'elle-même les principes de son évolution , les progrès de l'esprit humain seraient limités. Toutes nos connaissances se tiennent et s'enchaînent mutuellement, et ce n'est que par l'appui qu'elles se prêtent, que par le continuel rayonnement de l'une sur l'autre qu'elles s'accroissent chaque jour, qu'elles nous font assister à des spectacles extraordinaires inattendus , et qu'elles nous promettent enfin de nouvelles découvertes dans l'avenir.

C'est à nous donc, Messieurs, qu'il appartient de rendre hommage à tous ces maîtres qui, ne connaissant d'autre bonheur que le travail, d'autre gloire que le progrès social, d'autre récompense que leur propre satisfaction, ont sacrifié aux générations futures leur jeunesse, leur santé et même leur vie, et nous ont laissé, à nous médecins particulièrement, assez de matériaux pour aplanir notre route dans la difficile carrière que nous parcourons. Honneur donc et respect à tous ces hommes illustres ! Celui que je veux vous faire connaître a été et sera diversement apprécié par le monde médical. Il n'y a pas de calomnie, d'injustice, d'ingratitude, dont on ne l'ait abreuvé pendant sa vie ; les inimitiés ne se sont même pas arrêtées devant sa tombe. Mais un jour viendra où ceux-mêmes qui le frappèrent répondront au cri de leur conscience troublée, et exalteront la bonté de son cœur et ses nobles instincts : qui plus que Dupuytren a laissé après lui de haines et de rancunes? et cependant aujourd'hui le chirurgien se découvre en entendant prononcer son nom, et le bronze de ses statues décore nos places publiques.

ANTOINE-JOSEPH JOBERT naquit à Matignon, petite ville de Bretagne, le 26 frimaire an VIII (17 novembre 1799), Son père était un ancien soldat du régiment de Berry, qui exerçait alors le métier de chapelier. La gêne était dans le ménage, car lorsque sa mère accoucha du jeune Berry, tel était son sobriquet, ce fut sur un monceau de paille. Il était l'aîné de cinq enfants ; tout jeune, il gagnait déjà son pain, car, à dix ans, on l'employait à accompagner des chevaux de renfort pour les diligences qui devaient gravir une côte rapide dans les environs de son village. Personne n'ignore le climat rigoureux de la Bretagne. Je vous laisse donc juges de ce que devait souffrir le pauvre enfant. Pieds nus, à peine vêtu dans ce travail pénible, mais grâce à sa constitution robuste il put y résister. A cette époque, le Curé de son village lui apprit à lire et à écrire, et comme il reconnut bientôt en lui de l'intelligence et de la volonté, il perfectionna son éducation qui, quoique bien modeste, était terminée à seize ans. C'est alors que ce brave homme fut vraiment inspiré en lui demandant ce qu'il voulait faire : *Je veux être Médecin, répondit l'enfant.* Le docteur Bedel (de Lamballe) lui donna les premières leçons d'anatomie. Mais pour entreprendre de pareilles études et le voyage de Paris, il fallait de l'argent, et si Jobert était richement doté par la nature, il faut avouer qu'il n'était pas riche en ressources ;

mais le brave Curé était là, il s'appelait l'abbé de Souleville.
Il laissa par testament à son élève une petite somme pour
qu'il ne mourût pas de faim dans la capitale. Jobert arriva
donc à Paris avec trente francs par mois; c'était au mois de
septembre 1820. Les cours de l'École ne commençaient
qu'en octobre. Que faire d'ici là? son parti est vite pris : il
apprend qu'un concours pour l'externat doit s'ouvrir en dé-
cembre, il résolut de concourir. De son petit pécule il achète
un traité d'anatomie et un de petite chirurgie; et comme il
ne pouvait allumer de la lumière dans sa mansarde, il allait
s'installer, dès huit heures du soir, devant une boutique de
lingerie, et là, à la lueur des lampes de l'établissement, il
prépare son concours. Deux mois après, il était nommé
externe. Cette première étape du jeune étudiant doit déjà
donner la mesure de ce qu'on pouvait espérer d'une semblable nature. L'année suivante le vit nommer interne des
hôpitaux; dès lors il était à l'abri du besoin. Placé dans un
service de chirurgie, dont le chef était Richerand, Jobert fut
bientôt remarqué par ce maître, par son amour pour l'étude,
son exactitude, et surtout par une facilité précoce dans le
diagnostic des affections. A cette époque et à cet âge, Jobert
passait parmi ses camarades pour un joyeux compagnon,
bon, serviable et d'une grande douceur de caractère. Je
note ce fait, en passant, pour que vous puissiez faire la dif-
férence entre le caractère du jeune homme et celui de l'homme
déjà mûr que je dépeindrai tout à l'heure. Son temps d'inter-
nat terminé, il concourut successivement pour la place d'aide
d'anatomie, pour celle de prosecteur, et se fit recevoir docteur. L'année suivante le vit nommer chirurgien des hôpitaux, et en 1830 il remporta aussi au concours la place
d'agrégé à la Faculté de médecine. Que de changements en
dix années ! c'est à partir de ce moment que les tendances
de Jobert commencèrent à se dessiner. L'anatomie pathologique fut pour lui une étude de prédilection : il comprit avec

juste raison que de la comparaison des lésions avec les symptômes, on pouvait déduire autre chose que des applications pathologiques. Un symptôme morbide n'est le plus souvent que l'effet d'une fonction pervertie ou abolie, et la liaison qui existe alors entre le trouble fonctionnel, et la lésion anatomique peut révéler à l'observateur sagace non-seulement la nature de la maladie, mais celles de l'organe altéré. L'anatomie pathologique bien interprétée peut donc éclairer le physiologiste autant que le médecin. Ce fut cette idée très-ancienne, mais complétement oubliée alors, qui dirigea Jobert dans ses recherches physiologiques et présida à la rédaction de ses études sur le système nerveux. La physiologie, à cette époque, n'occupait qu'une bien petite place dans les études médicales. On aurait dit que le grand Haller n'avait jamais existé! Après cet homme de génie, la science, à laquelle il avait donné une impulsion si puissante, avait suivi un temps d'arrêt; mais, depuis la mort de Bichat, c'était une véritable décadence. *Les Eléments de physiologie* de Richerand avaient pris place des *Elementa physiologiæ* de Haller; et cet ouvrage arriéré de cent ans, aussi élégant par le style que pauvre d'idées, était devenu en quelque sorte le *vade mecum* de l'étudiant; c'était l'alpha et l'oméga du maître et des élèves. Comme la pensée des individus, comme la pensée des peuples, celle du monde scientifique a aussi ses défaillances, ses calmes et ses orages, ses oublis et ses dédains. Des souffles invisibles, des attractions inconnues y produisent des oscillations, des courants, qui, à un moment donné, entraînent la plupart des esprits vers certaines régions, les laissant indifférents à ce qui se passe partout ailleurs. La physiologie était alors une science que l'attention publique avait abandonnée : on avait commencé par oublier la plupart des découvertes du xviiie siècle, on n'avait conservé pour l'enseignement que quelques faits qui n'étaient ni les plus certains, ni les plus utiles, et quant à ces questions générales de principe et de méthode, dont l'ensemble constitue dans chaque science ce qu'on nomme sa philosophie, on ne les jugeait pas dignes du moindre intérêt. On avait perdu jusqu'à ce sens pratique qui demande à être exercé spécialement pour chaque ordre de connaissances, auquel la logique générale ne peut suppléer, et qui apprend à distinguer l'apparence du fait, l'hypothèse de l'induction, l'assertion et la preuve. C'est ainsi que le système phrénologique, application prématurée d'un système juste et fécond, fit irruption dans la science, sans être scientifique, si on avait pu alors constater comme aujourd'hui que la faculté du langage articulé était localisée dans une des circonvolutions du lobe antérieur du cerveau, la phrénologie aurait été l'objet d'une attention plus sérieuse, et on lui aurait épargné les invectives et le ridicule. Mais nous, ne nous en plaignons pas trop, car chaque jour de nouvelles découvertes nous portent de nouvelles lumières. La vérité, quelle qu'elle soit, doit briller un jour de tout son éclat ; et si quelqu'un en doutait, nous lui dirions que, malgré les décrets de la sainte inquisition contre Galilée, la terre n'a pas cessé de tourner autour du soleil. Jobert fut un de ceux qui aidèrent à régénérer la physiologie, suivant en cela l'exemple de Gerdy. Les vivisections qui d'abord avaient été considérées comme la seule route pour arriver à des connaissances physiologiques vraies, et pour lesquelles il y avait alors un véritable engouement, furent regardées comme impuissantes, on en revint à la méthode analytique. Jobert montra tout le parti qu'un esprit attentif pouvait tirer de l'analyse des fonctions observées sur l'homme sain. Convaincu, comme Gerdy et Lallemand, que les vivisections ne pouvaient résoudre qu'une partie des problèmes physiologiques, il remit en honneur la méthode anatomo-pathologique qui permet de rapporter aux lésions précises d'un appareil ou d'un organe les troubles fonctionnels observés pendant la vie.

Aujourd'hui, la génération actuelle semble vouloir faire table rase du passé ; on crie par-dessus les toits que la médecine n'est pas une science constituée, qu'elle n'a ni principes ni méthode. On tâche de renverser les idoles anciennes ; on vous dit que tout ce qui a été fait jusqu'ici ne vaut rien, qu'il faut recommencer. En un mot, de même que Wagner nous annonça la musique de l'avenir, on nous annonce la médecine de l'avenir, la médecine expérimentale en un mot ; de sorte que l'expérimentation ou, pour être plus précis, le fait expérimental, sera regardé comme le commencement et la fin de toutes choses. Quant à la tradition, on la foule aux pieds. Défendons-nous, Messieurs, de toutes nos forces contre ces élucubrations qui ne sont pas un produit indigène, laissons de côté toutes les discussions métaphysiques et dogmatiques ; mais n'oublions pas que les grands principes pratiques qui ont été posés par des hommes tels que Laennec, Pinel, Louis, Chomel, Rostan, Andral, Trousseaux et Bouillaud, sont encore ceux qui nous servent le mieux au chevet du malade ; et en attendant les prodiges promis, faisons de la médecine en écoutant la raison, en approfondissant l'observation, en interrogeant surtout la nature, comme fit Hippocrate. Quant aux idéalistes, laissons-les en paix développer leurs systèmes et parler sur des sujets que les hommes les plus éminents n'abordent qu'en tremblant.

Au milieu de ses travaux, notre héros avait de la peine à vivre. Les études de l'amphithéâtre absorbaient presque tout son temps et l'empêchaient de s'occuper de clientèle. Il est beau en effet de se plonger dans les profondeurs de la philosophie et des investigations scientifiques, ou de s'élever jusqu'aux nues par la puissance de son imagination, en dédaignant ces intérêts mesquins qui aujourd'hui occupent tous les instants de la vie d'un homme. Mais arrive un moment où la nature réclame ses droits de la manière la plus impérieuse, et vous oblige à vous souvenir de la réalité de l'existence. On ne peut dire de la science ce qu'on dit si peu justement de l'amour : *une chaumière et un cœur.* Pour aimer et pour travailler, avant tout il faut manger. Jobert s'aperçut un jour qu'il n'avait plus un denier ; il était donc plongé dans de tristes réflexions, lorsqu'il reçut la visite d'un malade dont l'agitation extrême le frappa : c'était un Monsieur, d'un extérieur distingué, qui venait le consulter pour un de ces accidents compromettants au point de vue de la fidélité conjugale. Bouton sans fleur comme l'eut appelé Jean Lemaire; sa perplexité était grande, ses angoisses terribles. Comment raconter sa mésaventure et comment se soigner hors de chez lui? Jobert qui, quand il le voulait, savait être insinuant, et mettant dans ce cas en pratique les véritables règles de la morale médicale, se chargea de fournir une explication qui évita le trouble dans le ménage.

Le malade guérit, et devint désormais pour lui un ami et un protecteur, c'est à lui qu'il dut l'honneur d'être l'adjoint de Dupuytren, à l'hôpital qu'on installa à Saint-Cloud, après la révolution de 1830, pour les blessés des trois Journées. A quoi tiennent les choses! c'est à partir de cette époque que commença la fortune de Jobert.

Louis-Philippe le nomma son chirurgien consultant à la suite de ces événements. Placé à l'hôpital Saint-Louis, il devint un habile opérateur, et personne ne l'a encore surpassé pour l'élégance et la rapidité du manuel opératoire. En 1849, il passa à l'Hôtel-Dieu; en 1854, il fut nommé professeur de clinique à la Faculté, et en 1856, il remplaça Magendie à l'Institut. Il était déjà président de l'académie de Médecine, chirurgien de l'Empereur, Commandeur de la Légion d'honneur.

Il avait mis vingt-six ans pour parcourir cette carrière.

Les travaux de Jobert méritent de nous arrêter quelques instants : je tâcherai, en vous les faisant connaître, d'être bref pour ne pas abuser de votre bienveillante attention. Il publia en 1826, *sur les Plaies du canal intestinal*, un Mémoire extrêmement remarquable, qui fit une grande sensation et changea complétement la pratique suivie jusqu'à ce jour; c'est à lui qu'est dû le procédé de la suture par invagination, basé sur la mise en contact d'une séreuse avec une autre séreuse. Des trois procédés connus : 1° celui de simple rapprochement; 2° celui de l'accolement d'une séreuse avec une muqueuse; 3° celui de l'opposition d'une séreuse à une séreuse. Bien certainement c'est ce dernier qui offre le plus de chance de succès; c'est ici le moment de discuter la valeur de cette méthode, mais je ne puis m'empêcher de constater que c'est le seul adopté aujourd'hui par tous les chirurgiens. La révolution de 1830 et les émeutes qui la suivirent firent passer sous ses yeux un nombre considérable de blessés par armes à feu : cette pratique immense lui permit de réunir en un volume le fruit de ses observations, de son expérience. Son traité sur cette matière peut être placé à côté de celui de Dupuytren.

C'est Jobert, le premier, qui a démontré qu'on pouvait impunément porter les caustiques les plus énergiques, y compris le fer rouge sur le col de la matrice sans procurer de la douleur; cette pratique hardie donna naissance à bien des critiques acerbes et malveillantes. Si les adversaires s'étaient donné la peine d'étudier la question, ils auraient vu que l'insensibilité était due à la disposition des nerfs de l'utérus qui n'arrivent pas sur le museau de tanche, et là où il n'y a point de nerf il ne peut y avoir de sensibilité. Aujourd'hui que cette opération est si fréquente, si commune, on a le droit d'être surpris de la difficulté qu'elle a éprouvé à être acceptée et des orages qu'elle a soulevés.

Jobert nous a encore laissé un *Traité de chirurgie pratique*, en 2 vol., et des études sur le système nerveux qui, il faut l'avouer, ne sont pas en rapport avec les progrès rapides faits par l'anatomie et la physiologie moderne : son dernier ouvrage est un *Traité de la réunion en chirurgie.* Ajoutons, enfin, un grand nombre de Mémoires sur divers sujets ; car, malgré sa haute position et ses occupations nombreuses, Jobert n'a jamais cessé de se livrer aux travaux d'investigation. C'est encore à lui qu'est due la Méthode nouvelle des pansements des larges brûlures avec des vessies pleines de glace ; moyen qui prévient mieux que tout autre la formation des cicatrices en brides qui font souvent le desespoir du chirurgien et du malade ? Mais le véritable titre de Jobert à la postérité, ce sont ses travaux sur les fistules vésico-vaginales. L'histoire de ses fistules est toute moderne, quoique cependant elles fussent connues des anciens ; mais ils confessaient leur impuissance. Boyer les regardait comme incurables et conseillait le repos au lit avec la sonde à demeure ; moyen bien, primitif, il faut en convenir, Messieurs, contre une semblable affection. Des essais infructueux avaient été faits déjà avant lui par Naœgelé et Lallemand en France, par Roonhuysen en Allemagne. Jobert fixa de bonne heure ses regards vers ce sujet : il essaya d'abord la méthode indienne qui lui donna un remarquable succès ; mais cette méthode était incertaine. Il y renonça bientôt pour créer la Méthode d'autoplastie par glissements, à laquelle il a dû les plus brillants résultats. On a beaucoup discuté sur les succès de Jobert dans cette opération ; les contradicteurs et les incrédules ne manquèrent pas, et ce ne fut qu'après le rapport de la commission de l'Institut de France, composée de Lallemand, Roux et Velpeau, que l'incrédulité disparut et que la mauvaise foi mit fin à ses doutes injurieux. Cette méthode a été acceptée pendant 20 ans sans conteste ; mais personne n'est jamais arrivé à savoir s'en servir comme l'auteur lui-même, et c'est à ce peu d'habitude de la manœuvre opératoire que j'attribue, pour ma part, le peu de succès de ses imitateurs. Aujourd'hui le procédé américain de Marion Sims a remplacé celui de Jobert et offre certains avantages.

Je n'hésite pas à le déclarer, mais j'ajoute cependant que ni les Etats-Unis, ni l'Angleterre, ni l'Allemagne, pardonnez-moi cet excès de chauvinisme, ne peuvent disputer le pas à la France, et que si des progrès ont été réalisés dans ces dernières années par les chirurgiens de ces nations sur ce point de médecine opératoire, ces progrès se sont accomplis sous l'inspiration des travaux de Jobert. D'ailleurs, une voix plus autorisée que la nôtre, celle du professeur Richer, s'élevait il y a quelques mois à peine dans l'amphithéâtre de l'Ecole de Paris, et réclamait au nom de la chirurgie française la priorité incontestable pour notre illustre maître. Permettez-moi de vous citer ses paroles :

« Le moment me semble venu, dit-il, de rendre à chacun
» la justice qui lui est due. Jobert n'est plus, et la posté-
» rité a commencé pour lui. Le premier moment d'enthou-
» siasme généreux qui, parmi nous, fait accueillir toujours
» trop favorablement ce qui nous vient de l'étranger, est
» aujourd'hui passé. L'histoire impartiale commence ; elle
» dira que grâce à ses efforts opiniâtres, à sa tenacité que
» rien n'a pu décourager, Jobert était arrivé à créer une
» méthode de traitement qui lui avait donné sur 137 opérés
» 82 guérisons dans une affection réputée incurable avant
» lui ; elle dira que si ses procédés opératoires sont aujour-
» d'hui inférieurs, sous certains rapports, à ceux qui ont été
» imaginés depuis, sous bien d'autres ils leur sont encore
» préférables, et que sans eux peut-être ces derniers n'au-
» raient jamais vu le jour ; elle dira enfin que n'eût-il que le
» mérite incontestable de n'avoir pas désespéré de l'art alors
» que le découragement était partout, Jobert a bien mérité
» de la science. »

Son caractère, ses manières, sa nature en un mot n'étaient pas de celles qu'on juge du premier coup; il fallait le voir longtemps pour s'habituer à lui. Le manque d'éducation première se reflétait dans toutes ses actions ; il ne l'ignorait pas, et il faisait de vains efforts pour combler cette lacune. Aussi était-il peu communicatif et renfermé en lui-même ; mais quand il était certain de l'affection de quelqu'un, il se livrait comme un enfant. J'ai eu le bonheur d'avoir été un de ses rares élèves auxquels il a permis de pénétrer dans sa vie intime. Eh bien, je le dis très-haut, j'ai rarement trouvé dans un homme d'aussi belles qualités, d'aussi purs sentiments ; mais il n'était pas facile de vivre avec lui. Brusque, impatient, quelquefois même brutal, il avait de ces retours imprévus qui vous faisaient tressaillir d'émotion, et vous forçaient à l'aimer. Il était d'une exactitude scrupuleuse dans l'accomplissement de ses devoirs. Son service à l'hôpital passait toujours avant ses obligations de clientèle. Je lui ai entendu dire un jour à une dame du plus grand monde de Paris : Je préfère mes pauvres femmes de l'Hôtel-Dieu à toute ma clientèle de marquises et de duchesses ; et il disait vrai. Avec les malades, il était bon et généreux, et souvent quand il voyait sortir de l'hôpital un opéré guéri, et qu'il soupçonnait que le malheureux allait se trouver dans la misère, il ne le laissait pas sortir sans lui donner des secours. Georges Maillard, un de ses élèves, fut témoin du fait suivant : Un jour, il se présenta à la consultation publique de l'Hôtel-Dieu une jeune mère avec deux petits enfants bien malades l'un et l'autre ; les vêtements noirs qui la couvraient indiquaient la gêne et le deuil ; mais par les manières distinguées, l'élégance du langage, sa timidité, on devinait que le malheur avait passé par là.

Jobert la reçut très-brutalement et lui dit qu'il fallait laisser les deux petits à l'hôpital. La pauvre mère s'y refusa, il la renvoya alors impitoyablement. Quelques instants après, en sortant, il la retrouve sur les marches de l'hôpital pleurant ; il alla vers elle, et la poussant brusquement : Malheureuse ! lui dit-il, voulez-vous bien rentrer vite chez vous soigner les enfants et laisser votre adresse, et il s'élança dans sa voiture avec rapidité. Il venait de glisser trois louis dans son tablier. Je vous laisse à penser les larmes de bonheur de cette pauvre femme ; elle avait de quoi soigner ses petits. Jobert alla voir tous les jours cette pauvre famille ; plus tard il fit entrer la mère à la manufacture des Gobelins, comme inspectrice des ouvrières, et plaça les deux enfants dans un collége communal : l'un d'eux est aujourd'hui sorti de l'Ecole centrale avec le titre d'ingénieur civil ; l'autre a été emporté par un boulet en Italie. De pareils faits, Messieurs, dépeignent l'homme ; je ne dois pas les multiplier.

Comme professeur de clinique, Jobert n'était pas brillant ; son élocution était pénible, hésitante. Cependant parfois il pérorait avec une facilité surprenante. Comme opérateur, c'était un chirurgien hors ligne, toujours à la hauteur des circonstances, d'un esprit inventif, d'un sang-froid à toute épreuve. Il se tirait toujours avec bonheur des situations embarrassantes ou imprévues ; il possédait la sûreté, l'élégance et la dextérité de main. Son diagnostic était toujours rapide ; il le faisait pour ainsi dire par intuition, et il se trompait rarement.

Il avait aussi le caractère très-indépendant, et il en donna des preuves quand il s'agit de faire entrer Malgaigne à la Faculté en 1847. Un jour peut-être vous dirai-je ce que fut Malgaigne, cette individualité extraordinaire ; qu'il vous suffise de savoir aujourd'hui qu'il n'était pas le candidat ni de l'Ecole ni de l'Administration ; comme député, il appartenait à l'opposition, et comme professeur, il était à supposer qu'il fournirait à la première occasion une charge à fond de train contre les routines et les abus qui existaient alors dans les études médicales.

La Faculté, à cette époque, était composée de grands professeurs et de grands savants qui ne seront pas de longtemps remplacés par la jeune génération ; mais ils n'aimaient pas les novateurs, et quand on essayait de toucher à une vieille habitude, à un vieux règlement, ils criaient comme si on touchait à l'arche sainte. De même aujourd'hui quand on veut critiquer une vieille théorie, un vieux système auquel on est habitué, et qu'on accepte souvent sans le comprendre, on est sûr de soulever contre soi toutes les orthodoxies de toutes les espèces. Malgaigne, par sa fougueuse nature et son incomparable esprit caustique, était repoussé du sanctuaire. On entoura Jobert par tous les moyens pour obtenir son vote, il fut inébranlable ; et lorsque Malgaigne fut nommé, après le plus brillant concours qu'on puisse rêver, Jobert cacha à son ami les insistances auxquelles il avait été en butte.

On a encore accusé Jobert d'être intéressé. Je m'inscris en faux contre une semblable calomnie : à sa mort, on a trouvé chez lui des sommes considérables sans être placées, et renfermées quelques-unes dans des enveloppes non ouvertes. Dès que sa position le lui permit, il fit don aux pauvres de Lamballe d'une somme égale à celle que lui avait laissée son premier protecteur, l'abbé de Soulleville. Quant à ses honoraires fabuleux qu'il demandait, dit-on, à ses clients, c'est encore une accusation toute gratuite. Il n'exigeait jamais rien des pauvres et les obligeait même de sa bourse ; je pourrai en fournir bien dès preuves. Quant aux favorisés de la fortune, il les faisait payer, et rien, selon moi, n'est plus juste ; il était cependant généralement modéré. L'auteur de cette accusation ne peut être, selon moi, qu'un client qui se sera exécuté difficilement, et quel est le client qui s'exécute avec grâce ! ou bien quelque collègue jaloux ou malveillant, et de ceux-là malheureusement, l'espèce n'en est pas très-rare.

Il me reste maintenant à vous rapporter la partie la plus douloureuse de cette biographie, et ce n'est pas sans un serrement de cœur, croyez-le bien, que j'aurai le courage de le faire. Arrivé au plus haut degré de l'échelle sociale, membre de l'Institut, professeur à l'École de Paris, Jobert a tenu pendant dix ans le sceptre de la chirurgie en France. Il a obtenu honneurs et richesses, mais le bonheur domestique n'a pas été son partage. L'amitié non plus ne l'a pas favorisé : les jeunes médecins ses élèves, dont il avait adouci les commencements difficiles, l'ont abandonné quand ils n'ont plus eu besoin de lui ; ingratitude habituelle à notre époque, Messieurs, où tout semble se réduire à avoir le plus d'argent possible, n'importe le moyen pour l'acquérir.

Si Jobert a été ainsi délaissé par le monde, il faut en chercher la raison dans la rudesse de ce caractère étrange qui ne connaissait pas l'hypocrise, et dans les malheurs qui l'avaient frappé quand il avait voulu se donner les joies de la famille. Aussi quand parut sur la scène un rival digne à tous égards de lutter avec lui, et à la fois doux et affable, Jobert ne put résister ; les grands du jour se tournèrent vers l'étoile nouvelle. Il fut mortellement frappé de cet abandon ; et comme une idée fixe dégénère souvent, dans certaines natures, en monomanie, il se vit bientôt entouré d'ennemis. Les lauriers de son rival l'empêchaient de dormir ; son humeur devint fantasque, irascible, on le voyait souvent errer sans but. A l'hôpital, fatal symptôme ! il était devenu d'une douceur exemplaire avec tout le monde, malades, élèves et infirmiers. Enfin, un jour, son cerveau éclata : intelligence, génie, imagination, tout disparut comme l'éclair. De cette individualité supérieure, il ne resta plus que la machine animée ; cet œil si profond devint terne, cette tête, d'une beauté si puissante, s'inclina, et l'homme s'écroula en entier. Je ne vous dirai pas, Messieurs, les émotions que je ressentis à son aspect ; il est des sentiments qu'on éprouve et que la plume se refuse à tracer. Jobert est mort sans être sorti de sa torpeur intellectuelle ; mais son nom vivra parmi nous par ses travaux et par sa vie, et le meilleur éloge qu'on pourra faire de lui, c'est qu'il ne s'humilia jamais devant personne. Chez lui le chirurgien dominait toujours : dans les salons, dans les cercles, à la cour, il se promenait à travers tout ce monde brillant avec une hauteur dédaigneuse qui semblait dire à tous : *je suis fils de mes œuvres.* Pour lui il n'y avait pas de profession supérieure à celle du médecin. C'est aussi notre opinion, Messieurs ; mais pour avoir le droit de la considérer ainsi, il faut l'exercer avec conscience et dignité. Et vous, jeunes étudiants qui m'écoutez et qui vous préparez à l'entreprendre, permettez-moi de vous le dire, n'oubliez jamais que dans aucun cas, il ne vous est permis de balancer entre votre devoir professionnel, votre dignité individuelle et vos intérêts matériels. Il faut porter haut la tête, n'accepter une opinion qu'après l'avoir bien étudiée ; mais une fois convaincus de la vérité, ne transigez jamais avec votre conscience, soyez fermes dans vos convictions, évitez toujours qu'on puisse dire de vous ce qu'on dit de tant de gens aujourd'hui, que vous êtes en politique une girouette, en science des hermaphrodites ; et lorsque, après une longue carrière, vous subirez là loi commune, et disparaîtrez de ce monde, si vous avez ainsi vécu, vous laisserez à vos enfants, à vos amis, ce que Jobert laissa aux siens, le souvenir d'une belle existence et d'un grand cœur.

Toulouse, impr. Douladoure ; Rouget frères et Delahaut success", rue St-Rome, 39.

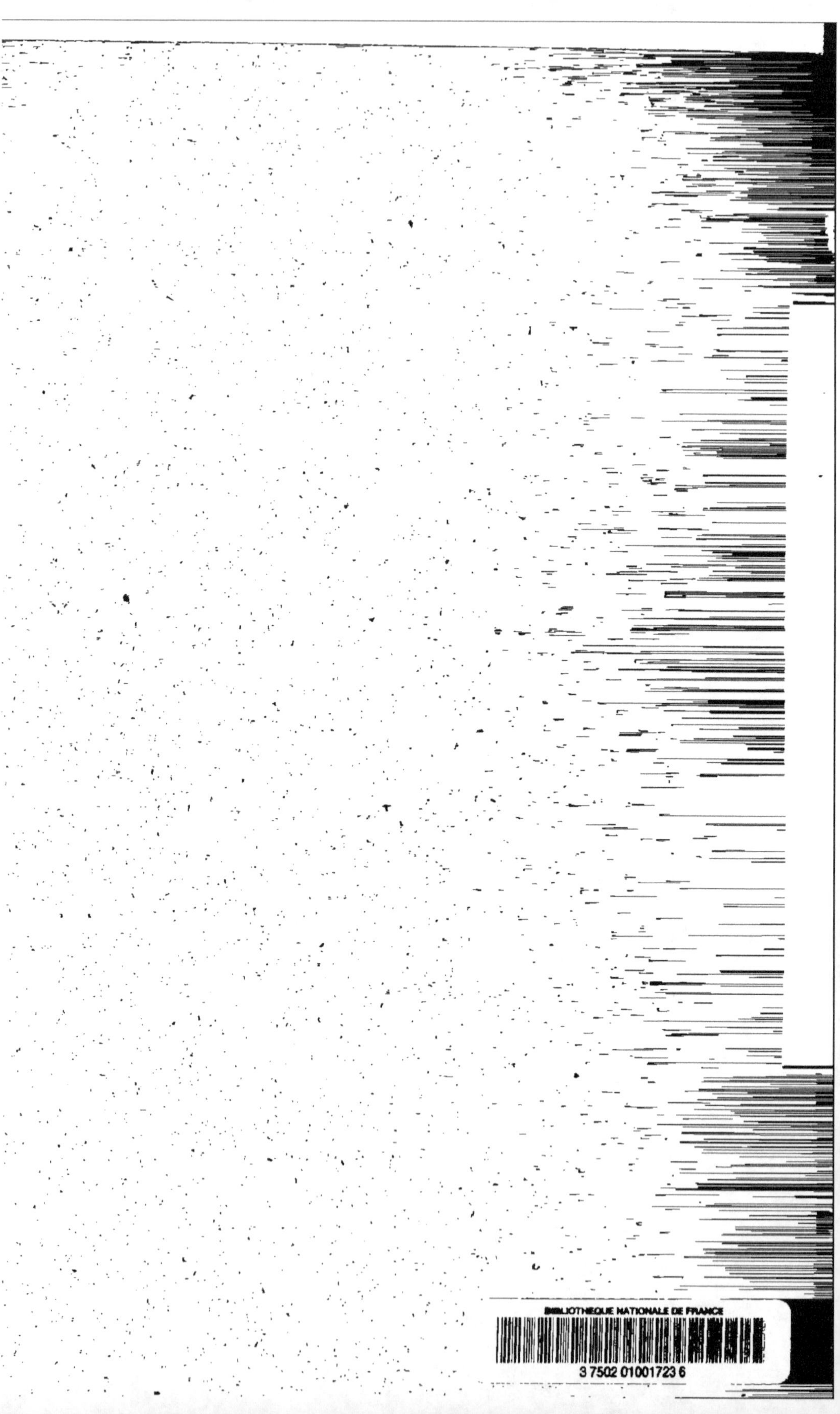
BIBLIOTHEQUE NATIONALE DE FRANCE
3 7502 01001723 6

www.ingramcontent.com/pod-product-compliance
Lightning Source LLC
Chambersburg PA
CBHW051244070726
47594CB00013B/2866